AF357067

LETTRE

D'UN MÉDECIN

DE LA FACULTÉ DE PARIS,

A M. COURT DE JEBELIN;

En réponse

A celle que ce Savant a adreſſée à ſes Souſ-
cripteurs, & dans laquelle il fait un éloge
triomphant du MAGNETISME-ANIMAL.

A BORDEAUX,

Chez BERGERET, Libraire, Rue de la
Mercy.

1784.

AVEC PERMISSION.

LETTRE

D'UN MÉDECIN

DE LA FACULTÉ DE PARIS,

A M. COURT DE GEBELIN;

En réponse à celle que ce Savant a adressée à ses Souscripteurs, & dans laquelle il fait un éloge triomphant du Magnétisme-Animal.

MONSIEUR,

Il faut avoir toute la témérité d'un Gascon pour entreprendre de répondre à la savante Lettre que vous adressez à vos Souscripteurs, dans laquelle vous faites, d'une maniere si triomphante, l'apologie du Docteur Mesmer, & de sa sublime découverte. Je ne me dissimule point l'immense distance qu'il y a dans la maniere d'écrire entre l'Auteur *du Monde primitif* & celle d'un habitant des rives de la Garonne. Mais qu'importe : j'écris à un homme d'un mérite reconnu, qui ne fauroit me faire un crime de ne pouvoir mieux écrire. Le deffein qui m'anime, eft le defir de m'inftruire, l'amour du bien public & la recherche de la vérité ; je ne dirai que la vérité ; & la vérité n'a pas befoin d'ornements. Je vais donc entrer en lice ; & quoique je paffe de beaucoup les bornes d'une Lettre, je ne répondrai qu'aux traits les plus frappants de votre Lettre, pour éviter de faire un volume qui ne feroit pas auffi bien reçu du public lettré que votre favante Lettre, à laquelle vous donnez le nom de Pamphlet, & dans laquelle vous annoncez que vous ne ferez pas éloquent ; mais les graces, compagnes ordinaires de votre plume, la fuivent jufques dans vos Pamphlets.

Dès la 2ᵐᵉ. p. vous vous écriez : " j'étois „ à la mort, je fuis guéri ; mes chers „ concitoyens ... rient quand je leur dis „ que j'ai été guéri ; &, à force d'efprit, ils „ embrouillent fi bien cette queftion, qu'ils

„ me perfuaderoient *prefque* que je n'ai pas
„ été malade, ou que je n'ai pas été guéri,
„ &c. „ *Prefque* : il feroit bien difficile de
perfuader prefque à un homme qui a eu une
maladie bien grave, ou qu'il n'a pas été malade, ou qu'il n'a pas été guéri. Mais ana-
lifons votre maladie.

Ophtalmie, ou légere inflammation de
la tunique externe de l'œil gauche, occa-
fionnée par la chaleur augmentée du fang
ou la raréfaction de cette liqueur qui l'o-
blige d'enfiler les vaiffeaux lymphatiques &
rendre enflammée cette tunique qui doit fa
blancheur ordinaire à celle de la lymphe.

Telle eft la premiere maladie qui doit
céder, & céde en effet, aux délayans, aux
humectants & tempérants. Les urines fan-
guinolantes avoient la même caufe, & de-
voient être guéries par le même moyen;
ce qui eft arrivé.

Surviennent enfuite des obftructions, dont
vous n'indiquez point le fiege; mais une
obftruction doit fouvent fa naiffance à un
fang porté avec trop de véhémence, qui

perd de fa fluidité à proportion que fa fé-
rofité diminue ; ce qui arrive d'autant plutôt que fon mouvement eft plus rapide , &
par conféquent la chaleur plus grande ;
d'après quoi il n'eft point étonnant que le
fang , devenu plus épais, ne circule plus
avec la même viteffe, & ne s'arrête dans
quelque vifcere. Un globule arrêté retient
un fecond, & fucceffivement il fe forme
une obftruction confidérable. Où étoit la
vôtre ? quels effets l'ont fuivie ? quel eft le
Médecin qui l'a reconnue ? Permettez-moi
toutes ces queftions ; je m'en rapporte à
vous fur toutes les fciences , excepté fur la
Médecine. Et, n'en plaife à M. Mefmer,
j'ai encore moins de confiance en lui qu'en
vous fur ce dernier point.

P. 3. Une égratignure à la jambe gauche,
fuivie d'efcavation, parce qu'on avoit fermé
la porte à la fuppuration (avec un papier
gris mouillé de falive) & que vous aviez fait
de grandes courfes. Un troifieme accident
furvenu à cette même jambe, mal foignée,
dont la compreffe eft arrachée avec force,

ee qui vous fait presque évanouir ; tels étoient les accidents que vous aviez éprouvé lorsque des clous érésipellateux s'emparerent de cette jambe.

Vous savez mieux que moi que les liquides se portent toujours à l'endroit où il y a le moins de résistence, & cet endroit étoit nécessairement chez vous la jambe, qui, depuis si long-temps, éprouvoit des accidents entassés les uns sur les autres. On peut en dire autant de la douleur de cette jambe, de l'enflure, & par conséquent de la lourdeur qu'éprouva dans la suite la cuisse du même côté. Si vous y joignez l'impatience, l'inquiétude, qui durent affecter votre ame pendant tout ce temps, votre dégoût pour les remedes, que vous appellez inutile, & dont par conséquent vous n'avez fait aucun usage, n'ayant appellé aucun Médecin, par un défaut de confiance ; vous aurez trouvé la cause du desséchement arrivé à la jambe droite, & peut-être celle du flux hémorroidal, si vous n'y étiez pas sujet d'avance ; nous y trouverons encore celle des vents, &c.

Je ne vois là dedans aucun figne d'une mort prochaine : il eft même peu de Chirurgiens de village qui n'eût pu guérir cette maladie, & même la prévenir. En vérité les grands hommes ont bien peur de mourir. Il eft vrai que je ne faurois blâmer en eux le defir qu'ils ont de jouir, de leur vivant, du titre glorieux qu'ils ont mérité.

Oui, Monfieur, vous avez été guéri, puifque vous n'éprouvez aucune des infirmités qui vous faifoient fouffrir à cette époque ; & par conféquent rien de plus certain que le mieux que vous goûtez, votre fituation douloureufe n'étoit point illufoire, non plus que votre guérifon ; mais à qui ou à quoi devez-vous ce mieux ?

" Ce n'eft à aucun Médecin de la Fa„ culté de Paris „. Il feroit bien malheureux qu'on ne pût guérir fans eux. Et quoique vous ne viffiez aucune analogie entre " votre maladie, & les remedes *les plus ex-*„ *cellents*, les plus admirables qu'ils em„ ploient, il ne s'enfuit pas pour cela qu'il n'y en eût point ; vous ne connoiſſiez pas mieux le Magnétiſme-Animal auquel vous vous êtes livré ; vous ne le connoiſſez pas encore , & cependant vous prétendez en avoir été guéri. Je veux le croire pour un moment, peut - être qu'en attendant je prouverai que vous l'avez été d'une maniere plus connue que le Magnétiſme, & cependant toute naturelle.

Vous n'avez rien pris intérieurement , point d'application extérieure, (de remedes bien entendu) & vous êtes guéri.

Pas poſſible, vous dit - on : très - poſſible, dis-je. Sans avoir égard à ce que vous euſſiez dit dix ans plutôt, à ce que diroient ou ne diroient pas les Médecins , ſuivons la nature. D'après vos expreſſions, je juge que c'eſt au printemps que vous avez éprouvé le mieux dont vous jouiſſez, & dont je prie le grand Architecte de l'Univers de vous faire jouir long-temps.

Comme vous le ſavez mieux que perſonne , la nature en ce temps jouit d'un pouvoir enchanteur qui opére les plus grandes merveilles ; mais laiſſons pour un inſtant ce pouvoir triomphant. Aviez-vous de la confiance au D. Meſmer ? Oui , ſans doute, puiſque vous l'avez écouté, lui avez répondu & l'êtes allé voir. Dès lors vos inquiétudes ont ceſſé ; alors la force de la nature dans ſa plus grande vigueur n'a plus trouvé d'obſtacle du côté de l'ame dont l'union avec le corps ſon enveloppe, joue un ſi grand rôle dans l'hiſtoire des maladies ; déjà moins d'acrimonie dans les humeurs. Avez-vous obſervé un régime ? Hé ! grand Dieu, je le ſuivois depuis ſi long-temps ſans fruit. Mais ce régime inutile n'étoit peut-être tel que, parce que dans une ſaiſon ingrate, il ne pouvoit produire aucun bien, d'autant qu'il en étoit empêché par l'acreté des humeurs, qui devoit ſa naiſſance à l'excès d'un travail paſſé au deſir d'un nouveau, & à la douleur morale de ne pouvoir remplir des engagemens toujours précieux à une ame délicate & ſon augmentation à la crainte de la mort, faute de remede que vous ne pré-

voyez pas pouvoir rencontrer dans la Médecine. On a beau dire, les plus grands
philosophes ne voient pas arriver leur derniere heure indifféremment.

En un mot, obstruction ou non, votre
maladie venoit d'un excès de chaleur ;
elle s'est un peu aggravée par la suite ;
l'acrimonie des humeurs est née de cette
chaleur, & a été augmentée par l'impatience.

Un repos d'environ sept mois, un régime adoucissant, la tranquillité de l'Esprit
que vous procura M. Mesmer par la confiance que vous prîtes pour lui avec la
nouvelle force, & cette seve vivifiante qu'a-
mene le printemps, vous ont rendu la
santé ; je vous en félicite ; daigne le ciel
vous la conserver pour l'instruction des
ignorants & nous faire voir à tous un jour
l'Auteur du monde primitif.

Vous avez vu M. Mesmer, n'importe
comment vous avez conféré avec lui ; le
résultat de votre conversation est, que vous
avez des obstructions, sans dire où ; &

que vous n'aviez fait aucun remede , parce que vous n'en connoiſſiez pas qui guérît ce genre de maladie. (Je porte des ſouliers, & je n'en ſais pas faire.) M. Meſmer , après avoir paſſé & repaſſé ſa main ſur l'enflure exceſſive de la partie malade ſe retire , en vous diſant qu'il faut marcher , *quitter le lit* , garnir de bandelettes les bas de la jambe pour donner du ton aux muſcles , *boire de la crême de Tartre.*

Comment avez vous été guéri ?

Le lendemain vous aviez plus de force , vous n'aviez point de boutons arrêtés ſur le genou , le ſoulier en pentoufle : vous arrivez chez M. Meſmer ; vous ouvrez de *grands yeux* , & regrettant d'être ſorti , vous demandez ce que cela vous fera ? Cependant le lendemain vous chauſſez le ſoulier , vous mettez deux boutons ſur le genou , vous éprouvez un mieux en moins de vingt-quatre heures; enfin par gradation vous êtes purgé juſqu'à dix ou douze fois par jour dans la moitié d'un mois, & vous demandez ſi cette guériſon eſt l'effet d'un

heureux hasard ? Non. Mais j'ai déjà eu
l'honneur de vous le dire , c'est l'effet
d'un repos de sept mois , de la tranquillité d'esprit, d'un bon régime & de l'action
printaniere , qui avoit disposé votre corps
aux effets de la crême de Tartre. M. Mesmer n'est pas le 1er. de son espece qui
fasse un grand usage du Tartre & de ses
dérivés. Jean Renodeau , Med. de Paris,
dans son *dispensarium médicum*, imprimé *à
Geneve*, M. D. C. XLV. *de Mater. med.
lib. 1 Sect. X. cap. V.* en parlant du Tartre , dit : *recentiores Tartarum nominant ,
forsan quod multorum Epyricorum sitidolum,
ut Tartac olim fuit Hevæorum.* 4. Reg. C.
17 , &c. Resumons. Votre maladie devoit
sa naissance à un excès de travail , sept
mois de repos vous ont procuré le mieux
que vous avez éprouvé ; ce n'étoit donc
pas une affaire de 24 heures : elle avoit
été aggravée par les impatiences & les inquiétudes d'esprit ; mais la confiance que
vous a inspiré M. Mesmer a remis le calme
dans votre ame : jusqu'àlors vous n'en aviez

eu en aucun Médecin , *parce que vous ne connoissiez point* de remedes capables de vous guérir. Le régime joint à cette force vivifiante que donne le Soleil à la nature, lorfqu'il vient diffiper les frimats de l'hiver & réchauffer la terre pour la rendre féconde , doivent bien fuffire pour produire des crifes falutaires , même fans le fecours de la crême de Tartre , que nous reconnoiffons tous pour purgative & defobftructive.

Voilà , Monfieur , les agens qui vous ont guéri : & non le hafard, & non le Magnétifme. Cela foit dit fans déplaire à M. Mefmer, & fans prétendre infulter à fa découverte , que je voudrois connoître , fi elle exiftoit, & dont je douterois jufqu'à cette époque, parceque je ne faurois croire au merveilleux en médecine. Je fais que le Très-Haut peut donner à M. Mefmer, & à tout autre , le moyen de guérir en touchant , comme il donna jadis à une femme celui d'évoquer l'ombre du Prophete Samuel, & de la faire voir au Roi Saül ; mais

ces fortes d'opérations n'ont rien de naturel. Je le répete, Dieu peut tout ; mais
qu'il me soit permis de douter jusqu'à un
certain point du pouvoir d'un foible mor-
tel.

Vous avez trop de lumieres, Monsieur,
pour ne point vous rendre à la proposition
qui suit. Ou M. Mesmer possede, ou il ne
possede point l'agent dont il se vante. S'il
ne le possede point, c'est un imposteur, qui
mérite le mépris de tous les gens de bien,
& d'abord le vôtre. S'il le possede, qu'a-t-il
besoin du suffrage des Médecins de Paris?
Que lui importe l'approbation des Académies ? Pour convaincre tout Paris, pour
convaincre l'univers, qu'il commence par
vuider tous les Hôpitaux de la Capitale, ces
hospices retraites de l'infortune & de la
douleur, sont ouverts à tout le monde,
chacun a le droit d'y aller consoler les malheureux qui les habitent. Que M. Mesmer
y aille donc ; qu'il magnétise ces tristes victimes des infirmités humaines ; il n'aura pas
besoin de dire qu'il guérit en voyant fuir

devant lui les fievres de toute éspece , les rhumes , les catharres , les hyƈeres , les petites véroles , les hydropifies , &c. comme un troupeau d'innocentes brebis fuit à l'afpeƈ d'un loup affamé , bientôt on le reconnoîtra comme le vainqueur de toutes les maladies ; bientôt on le comparera au Soleil qui , par fa préfence , diffipe les ténebres , donne la chaffe aux brouillards & aux frimats qui s'étoient emparés de la terre , qu'il ranime & réchauffe par fa douce préfence ; bientôt il verra le pere des Français , ce Prince chéri d'un peuple reconnoiffant , lui offrir une fortune brillante & des dignités auprès de fa perfonne facrée , pour l'engager à répandre dans tout fon Royaume une connoiffance auffi intéreffante ; toute la nation lui fera redevable ; les Savants , forcés par l'évidence , fe rangeront de fon côté ; bientôt fa découverte volera dans tout l'univers , portée fur les ailes de la renommée , avec fon nom. Un fi doux attrait ne peut-il f uffire aux defirs avides du D. Mefmer. Ou craint-il de faire le bien ?

Mais

[17]

Mais il a des certificats —— : quel est le *Charlatan* qui n'en a point ? Demandez à M. Bouvard , Lorri , Borie , Malouet, &c. combien ils en ont chacun ? Chacun d'eux vous dira , qu'il n'en a jamais demandé ; que les Charlatans seuls en exigent.

Vous ajoutez, p. 11 : " Quand M. Mes-
„ mer n'auroit trouvé que le moyen de
„ donner aux malades , à une nature épui_
„ sée, la force nécessaire pour soutenir les
„ remedes de cette médecine , il devroit
„ être infiniment précieux aux hommes ;
„ sa découverte mériteroit d'être reçue
„ avec transports ; & n'est-ce pas la perfec-
„ ction de l'Art „ ?

Mais M. Mesmer guérit sans remedes ; les malades désormais n'en doivent plus prendre, ils seront guéris par un seul attouchement, d'un clin d'œil : qu'ont - ils donc besoin de force pour supporter des remedes qu'ils ne doivent pas prendre ? Sa découverte n'est donc pas la perfection de la Médecine, elle est au contraire l'écueil, ou cet art , autrefois salutaire, est renversé, détruit, & néanti, comme inutile.   B

[18]

Les Médecins avoient cependant jusqu'à
lui trouvé le secret de ranimer la nature
énervée, & de donner aux malades la force
de supporter l'action des remedes ; ce secret
n'étoit point un mystere, nos écoles en ré-
tentissoient tous les jours. Pourquoi *M. Mes-*
mer n'imite - t - il pas un si noble exemple ?
Qu'il arrache la confiance de l'univers entier ; qu'il nous fasse goûter les douceurs de
son art salutaire ; notre bonheur fera le sien.
Il faudroit avoir une ame bien apathique
pour ne pas sentir une douce satisfaction à
faire un bien de cette nature. Jugez-en par
vous-même, vous, Mr. pour qui la reconnoissance a tant de charmes. Quelle douce
volupté ne seroit-ce pas pour vous de pouvoir dire : par le fruit de mon travail, j'ai
sauvé des milliers d'hommes près à suc-
comber sous la faux tranchante de la mort ;
c'est moi qui ai fait connoître cet art heureux qui va se répandre par tout l'univers,
& sauver par tout des millions d'hommes
qui me devront une reconnoissance ter-
nelle, à cause de l'existence que je leur

aurai conservée. Mon nom va passer d'âge
en âge ; & les peres, en bénissant mon nom,
apprendront leurs enfants, jusqu'à la qua-
trieme génération, à le bénir. Convenez,
Monsieur, qu'un tel plaisir est au-dessus de
tous les biens, & que quiconque y renonce
est bien à plaindre s'il en peut jouir ; disons plutôt qu'il n'en est point qui s'en prive volontairement ; & loin d'accuser le D.
Mesmer d'apathie, d'inhumanité, de bar-
barie, blâmons-le seulement de ses fanfa-
ronades, & disons que s'il ne jouit pas déja
de ces avantages, c'est que sa découverte
n'est rien.

Cessez donc, Monsieur, de fronder contre notre incrédulité, puisqu'elle n'est fon-
dée que sur le mystere que fait le D. Mesmer de sa découverte, sur son opiniâtreté à
ne guérir que les riches, *qu'il ne guérit point*,
au lieu d'aller vuider nos Hôpitaux des
malheureuses victimes de tant d'infirmités ;
Cessez de nous accuser de faire mourir des
millions de citoyens, puisque c'est le D.
Mesmer qui les tue par l'ignorance où il

nous laiſſe de ſa découverte efficace.

Quoique vous puiſſiez dire, quoique puiſſe dire un grand Médecin, les Savants ne croiront jamais au Magnétiſme-Animal, & à ſes vertus, que M. Meſmer ne nous ait dit d'abord ce que c'eſt que le Magnétiſme. 2.°. D'où & comment il le retire de ſa ſource; 3°. comment il s'en impregne; 4°. comment il le tranſmet; 5°. enfin, que l'expérience de ces moyens n'ait renvoyé dans nos champs les malheureux qui languiſſent dans nos Hôpitaux, & que la terre attend pour produire de riches moiſſons, que nous devrons au D. Meſmer, & pour leſquelles notre reconnoiſſance lui dreſſera des ſtatues.

La conduite des contradicteurs de M. Meſmer ne dépoſe-t-elle pas en ſa faveur, dites-vous, p. 12? Non, ſans doute, c'eſt la ſienne qui dépoſe contre lui d'une maniere victorieuſe. En effet, ou ſa découverte eſt utile, ou elle ne l'eſt pas : ſi elle eſt utile, j'ai dit ce qu'il falloit faire pour en prouver l'utilité : ſi elle ne l'eſt pas, *con-*

cluez .... fi elle l'eft & qu'il ne faffe pas ce que j'ai indiqué, *concluez encore.*

Vous demandez, p. 13, fi M. Mefmer a fait une découverte ? on n'en fait rien : il le dit ; mais il ne l'a pas faite connoître.

Vous demandez fi on en peut faire en Médecine ? fans doute : mais de ce qu'on peut faire des découvertes en Médecine, peut - on conclure que M. Mefmer en a fait une ? ce feroit conclure un peu légérement.

D'après les vérités que vous annoncez p. 14, il eft inconteftable que les Médecins font les derniers efforts pour étendre & perfectionner l'art de guérir ; pourquoi n'ont-ils donc pas faifi avec empreffement la découverte du D. Mefmer ? Ne feroit-il pas plus flatteur pour eux de pouvoir guérir leurs malades tout d'un coup, fans leur faire éprouver les défagréments des remedes toujours dégoûtants, & quelquefois fatiguants ; la pareffe naturelle aux hommes ne trouveroit-elle pas bien commode d'apprendre en peu de temps un moyen sûr de guérir toutes les maladies fans avoir befoin de paſſer une vingtaine d'années , & même toute la vie, à l'étude rébutante d'une foule de maladies & de moyens curatifs. Les malades ne ſeroient-ils pas plutôt, plus ſûrement & plus agréablement guéris ? N'aimeroient-ils pas mieux payer le double & le quadruple des honoraires à ceux qui les guériroient d'une maniere auſſi agréable ? Pourquoi donc ont - ils négligé une doctrine auſſi importante ? En vérité, vous me forcez à le dire, ou les Médecins de Paris entendent bien mal leurs intérêts, ou M. Meſmer eſt un grand . . . . .

Pourquoi toutes les Académies de l'Europe n'ont elles pas adopté ſes 27 propoſitions ? Pourquoi n'ont elles pas daigné lui répondre ? D'où vient un ſi grand acharnement de la part de tous les ſavants , & pourquoi M. Meſmer ne les force-t-il pas à croire ? Qu'il le faſſe donc ; qu'il nous ouvre les ſources de ſon Magnétiſme, comme lui nous ferons des miracles & il n'en ſera pas jaloux , ou plutôt ce ſera lui qui fera des heureux par nos mains ; quel

[23]

bonheur en effet, que celui de fe multiplier
en quelque forte, pour répandre la vie &
la fanté fur tout ce qui refpire. Célebre
Mefmer, êtes-vous infenfible à cette douce
volupté ? ah ! devenez le plus heureux des
mortels, foyez homme un inftant, laif-
fez-vous attendrir aux cris des malheureux ·
accablés en même temps par la mifere la
plus hideufe, & les maladies les plus dé-
chirantes : levez une main bienfaifante,
diffipez la moitié de leurs malheurs, rendez leur la fanté, qui eft dans vos mains ;
bientôt avec ce tréfor ils s'enrichiront du
fruit de leur travail, & vous devront leur
bonheur entier. Par-là vous diffiperez (nouveau foleil) les brouillards de l'envie, de
la calomnie & de l'ignorance dont l'atmof-
phere eft obfcurcie, & vous brillerez de
l'éclat le plus pur & le plus confolant
comme le defire l'Auteur du monde primitif. p. 17.

Cette découverte, dites-vous, Monfieur,
n'eft point un fecret dont l'ufage aveugle
ou hafardé conftitue ce qu'on appelle *Char-*

latanifme. &c. J'appelle *Charlatan* tout poffeffeur d'un fecret même utile, qui en eft avare au point d'en faire un myftere, afin de gagner par fon moyen des tréfors, toujours méprifables, parce qu'il ne les acquiert qu'aux dépens de la partie des citoyens, qu'il en prive, & qui auroit dû fon falut à ce bien caché. Je ne crains point de donner cette épithete à un Médecin qui feroit dans ce cas ; car un Médecin doit être ami de l'humanité & ne doit jamais refufer les lumieres de fon art, ni faire un fecret de fes découvertes. Je fais cependant qu'on nomme plus volontiers charlatan un homme quelconque qui, n'avant jamais étudié les principes de la Médecine, entreprend de faire des cures à la faveur de quelque fecret : un tel homme, quelle que foit fa profeffion, s'il n'eft ni Médecin, ni Chirurgien, ni Apothicaire, ne doit jamais fe formalifer de cette dénomination, qui eft toute naturelle.

Ainfi, que M. Mefmer foit Médecin ou non, c'eft un *Charlatan.* 1°.

1°. S'il n'est pas Médecin , point de difficulté, c'est un charlatan avéré.

2°. S'il est Médecin , c'est un charlatan qui , à l'aide de son secret , cherche à gagner des trésors aux dépens des millions d'hommes qu'il laisse mourir tous les ans, parce qu'il vend trop cher ses reliques, & que tout le monde ne peut pas aller jusqu'à lui ; tandis que , s'il se comportoit en Médecin, il feroit connoître sa découverte, qui se trouveroit bientôt mise en pratique par tous les Médecins , & qui sauveroit (si elle étoit aussi bonne qu'il l'assure) tous ceux qui périssent faute de ce secours.

Mais je veux bien le croire Médecin pour son honneur, ou plutôt pour sa honte, & je vais prendre la peine de discuter avec vous les vingt-sept propositions qui font la base de son système ; propositions qu'il a adressées à toutes les Facultés de Médecine à toutes les Académies, & qui n'ont été accueillies nulle part.

C

PROPOSITIONS.

I. Il existe une influance mutuelle entre les corps célestes, la terre & les corps animés.

II. Un fluide universellement répandu & continué de maniere à ne souffrir aucun vuide, dont la subtilité ne permet aucune comparaison, & qui, de sa nature, est susceptible de recevoir, propager & communiquer toutes les pressions de mouvement, est le moyen de cette influance.

RÉPONSES.

1

C'est une vérité très-ancienne, très-connue, & qui ne mérite point d'explication.

2

Tout le monde connoît la matiere subtile, mais tout le monde ne conçoit pas comment cette matiere subtile nous transmet l'influance des corps célestes, &c. On sait en Physique, que par une suite des loix établies par le Créateur, tous les corps célestes & autres agissent continuellement, & réagissent les uns sur les autres. Il y a lieu de présumer que c'est de cette action & réaction que dépend l'influance en question.

III. Cette action réci-
proque est soumise à
des loix méchaniques
inconnues jusques à
présent.

3

Ici M. Mesmer se
rapproche un peu de
nous ; cependant les
grands Physiciens ont
quelques connoissan-
ces de ces loix mé-
chaniques par leurs
observations sur les
corps sensibles con-
nus.

IV. Il resulte de cet-
te action des effets al-
ternatifs, qui peuvent
être considérés com-
me un flux & reflux.

4

Sans cela point d'in-
fluance ; rien de nou-
veau jusques ici.

V. Ce flux & reflux
est plus ou moins gé-
néral, plus ou moins
particulier, plus ou
moins composé, selon
la nature des causes
qui le déterminent.

5

En cela point de
découverte encore.

VI. C'est par cette
opération, la plus mer-
veilleuse de celles
que la nature nous of-

Je vois bien que M.
Mesmer veut m'em-
mener au Magnétis-
me-Animal, sans que

fre, que les relations d'activité s'exercent entre les corps célef-tes, la terre & les par-ties conftitutives.

VII. Les propriétés de la matiere & des corps organifés dé-pendent de cette opé-ration.

VIII. Le corps ani-mal éprouve les effets alternatifs de cet agent, & c'est en s'in-finuant dans la fubf-tance des nerfs qu'il les affecte immédia-tement.

IX. Il fe manifefte particulierement dans le corps humain des propriétés analogues à celles de l'aimant. On y diftingue des

je m'en doute ; fui-vons-le.

7.
Je le veux bien; qu'en réfulte-t-il pour le Magnétifme?

8.
Âlte-là. Je vous vois venir, M. le Docteur, cet agent, (la matiere fubtile) ne s'infinue pas plus dans la fubftance des nerfs que dans celle des veines, des arte-res, & pricipalement du poulmon, fur lef-quels il doit agir, & agit en effet.

9
Vous y trouveriez au befoin celui de direction, d'attrac-tion & de communi-cation. Mais pourquoi voulez-vous, M. le

poles également divers & opposés, qui peuvent être communiqués, changés, détruits & renforcés; le phénomene même d'inclinaison y est observé.

Docteur, que les propriétés *quasi* Magnétiques se manifestent plutôt dans le corps humain que dans tout autre corps? Connoissez - vous quelque corps physique, qui n'ait pas, comme le corps humain, des poles également divers & opposés, un équateur, &c. Il est donc ridicule de dire, que *ces propriétés, analogues à l'aimant, se manifestent plus particulierement dans le corps humain.* Nous voici arrivés aux faux principes, dont nous ne manquerons pas de tirer de fausses conséquences.

10.

Mais nous avons remarqué que tous les corps physiques ont les mêmes propriétés

X. La propriété du corps animal qui le rend susceptible de l'influance des corps céleſtes & de l'action réciproque de ceux qui l'environnent, manifeſtée par ſon analogie avec l'aimant, m'a déterminé à le nommer *Magnetiſme animal*.

analogues à l'aimant, c'eſt-à-dire, qu'ils ont tous des poles oppoſés, & un équateur; ajoutons qu'ils ſont tous également ſoumis aux influances céleſtes & à l'action réciproque de ceux qui les environnent; pourquoi donc ne pas nommer cette propriété *Magnétiſme brutal ?* C'eſt ſans doute parce que l'animal eſt plus noble que la brute.

I I.

Ici commence le *galimatias.* Croyez-vous avoir *caractériſé* le Magnétiſme animal? J'en appelle au Lecteur, s'il connoît juſqu'à préſent le caractere de ce fluide, s'il l'explique par ce qui en a été dit, je prends condamna-

XI. L'action & la vertu du Magnétiſme animal (*ainſi caractériſé*) peuvent être communiquées à d'autres corps animés & inanimés, les uns & les autres en ſont plus ou moins ſuſceptibles.

tion: je ne suis qu'un sot; mais passons pour un instant cette pro-position; soit qu'il nous soit bien connu, comment le communiquerons-nous à des corps animés & inani-més? ou plutôt comment nous en ren-drons-nous d'abord possesseurs, pour pou-voir le diriger ensuite à notre gré? Je crois qu'il eût fallu com-mencer par là.

XII. Cette action & cette vertu peu-vent être renforcées, & propagées par ces mêmes corps.

1 2.

Mais comment ren-forcer & propager ce que nous n'avons pas le bonheur de con-noître, que nous ne pouvons pas nous ap-proprier, & que nous ne savons point diri-ger.

XIII. On observe à l'expérience l'écou-

1 3.

A l'expérience de quoi? L'écoulement

lement d'une matiere dont la subtilité pénétre tous les corps, sans perdre notablement de son activité.

de quelle matiere ? Comment savoir si cette matiere perd ou ne perd pas de son activité si l'on ne connoît pas cette matiere ? Qui est-ce qui comprend quelque chose à cette proposition ? Qu'il daigne par charité me l'expliquer.

Je sais bien qu'une bougie allumée, placée sur une table, communique sa lumiere à tout un appartement, sans perdre du tout de sa masse de lumiere ; mais nous connoissons la nature de la lumiere, & peut-être ne la connoîtrions-nous pas si les Physiciens n'avoient pas pris la peine de nous démontrer sa maniere d'être & d'agir sur nos

organes

XIV. Son action a lieu à une distance éloignée, sans le secours d'aucun corps intermédiaire.

XV. Elle est augmentée & réfléchie par les glaces comme la lumiere.

organes. Si M. Mesmer veut que nous connoissions la nature de son Magnétisme, qu'il ait la bonté de nous l'expliquer plus clairement, on ne sauroit l'approuver sur de tels principes.

14.

Est-ce du son ou de la lumiere que parle M. Mesmer ? Car il ne nous a pas fait connoître son Magnétisme, & ce n'est assurément pas d'un être inconnu qu'il parle avec autant d'assurance.

15.

Ce n'est donc pas d'elle , *l'action du Magnétisme*, de la lumiere que vous parlez, M. le D. c'est donc encore de votre prétendu *Magnétisme animal* ou *brutal*.

D

Mais pourquoi est-il augmenté & réfléchi par les glaces? Les glaces n'ont-elles pas des poles oposés, un équateur, ce fluide n'est-il pas plus subtil que la lumiere ? n'est-il pas d'une nature différente, toujours active ? n'opere-t-il pas des effets plus merveilleux que la lumiere? Celle-ci ne pénétre point les murailles, & le fluide Magnétique peut se communiquer à travers les murs les plus épais. 16.

XVI. Elle est communiquée, propagée & augmentée par le son.

Elle, l'action du Magnétisme. Comment le son agit-il sur cette action? Comment agit-il sur le Magnétisme, qui n'est autre chose *qu'une propriété du corps animal qui le rend susceptible de l'influance des corps céleftes & de l'action réciproque de ceux qui l'environnent, manifeftée par fon analogie avec l'aimant.* Le fon agit donc fur une action, fur l'action d'une propriété. Le fon communique l'action de cette propriété, le propage & l'augmente. Qu'il y a de favoir dans cette propofition! Combien de Phyficiens font ici dans l'exthafe!

17.

La vertu d'une propriété, c'eft une chofe admirable; nous fommes bien heureux de vivre au fiecle d'un Savant qui trouve des vertus aux propriétés.

XVII. Cette vertu magnétique peut être accumulée, concentrée & tranfportée.

18.

Ecoutez, Savants, vous avez befoin ici

XVIII. J'ai dit que les corps animés n'en

étoient pas également fufceptibles : il en eft même, quoique très-rares, qui ont une propriété fi oppofée, que leur feule préfence détruit tous les effets de ce Magnétifme dans les autres corps.

de toute votre attention. *Qui habet aures audiendi audiat. Que celui qui a des oreilles pour entendre, entende.* Ce n'eft pas un langage ordinaire.

Les corps animés n'en font pas également fufceptibles (du Magnétifme, qui eft une propriété). Il en eft, quoique très-rares, qui ont une propriété fi oppofée à cette propriété, (le Magnétifme) que leur feule préfence détruit tous les effets de cette propriété, (de ce Magnétifme) dans d'autres corps. Qu'entendez-vous par là, M. Mefmer ? foyez clair : *Fiat lux.*

19.

Ici l'on devine que le D. Mefmer veut parler de l'anti-Ma-

XIX. Cette vertu oppofée pénetre auffi tous les corps, elle

peut être également communiquée, propagée, accumulée, concentrée, transportée, réfléchie par les glaces, & propagée par le son ; ce qui constitue non-seulement une privation, mais une vertu opposée, positive.

gnétisme, qui est sans doute *une propriété du corps animal, qui l'empêche d'être susceptible de l'influance des corps célestes & de l'action réciproque de ceux qui l'environnent, manifestée par son antipathie avec l'aimant*, qu'il appelle propriété ou vertu opposée, comme il lui plaît ; en effet, l'une se manifestant par l'analogie avec l'autre, doit se manifester par l'antipathie avec l'aimant. Voilà ce qui doit les rendre opposées, ces propriétés ou vertus ; mais comment réunir ces propriétés dans le même corps en même-tems ? c'est vouloir qu'un homme dorme & veille en même-temps, qu'il ait chaud &

froid. C'eſt, je crois,
une maniere d'être,
une diſpoſition que
vous appellez vertu
oppoſée poſitive, M.
Meſmer : mais nous
venions de parler d'u-
ne propriété, & vous
dites: *cette vertu* : une
propriété n'eſt point
une vertu ; ou bien,
c'eſt la vertu d'une
propriété , comme
vous l'avez déja dit.
Ma foi, c'eſt du haut
Allemand. Parlez la-
tin , M. Meſmer , ſi
vous ne pouvez pas
parler français ; nous
n'entendons point
l'Allemand. Vous ê-
tes bien heureux d'a-
voir enveloppé vos
propoſitions ſous les
fleurs qui ſont répan-
dues dans la ſublime
lettre de votre ſavant
Apôtre ; on badine
avec les graces qui

s'y trouvent à chaque mot ; & pendant ce temps on n'apperçoit pas le ridicule de ce que vous préfentez comme férieux.

20.

C'eft-à-dire, que l'aimant, comme les autres corps, *eft fufceptible de la propriété du corps animal, qui le rend fufceptible de l'influance des corps céleftes & de l'action réciproque de ceux qui l'environent, par fon analogie avec l'aimant* ; c'eft-à-dire, qu'il eft encore fufceptible (l'aimant) de la propriété, qui empêche qu'il ne foit fufceptible par fon antipathie avec l'aimant.

L'aimant, foit naturel, foit artificiel, a donc de l'analogie

XX. L'aimant, foit naturel, foit artificiel, eft ainfi que les autres corps, fufceptible du Magnétifme animal, & de la vertu oppofée, fans que, ni dans l'un, ni dans l'autre cas, fon action fur le fer & l'aiguille fouffre aucune altération ; ce qui prouve que le principe du Magnétifme animal, diffère effentiellement de celui du minéral.

XXI Ce système fournira de nouveaux éclaircissements sur la nature du feu & de la lumiere, ainsi que dans la théorie de l'attraction du flux & du reflux de l'aimant & de l'électricité.

XXII. Il fera connoître que l'aimant & l'électricité artificiel le n'ont, à l'égard des malades, que des propriétés communes avec plusieurs autres agens que la nature nous offre &, que s'il

& de l'antipathie avec l'aimant, avec lui-même.

C'est en vérité, quelque chose de merveilleux; c'est bien là le cas d'ouvrir de *grands yeux*, & de dresser *de grandes oreilles*.

21

Comment une chose inconnue peut elle éclairer sur des choses connues?

22

Il est *singulier*, l'aimant & l'électricité, dont on connoît la nature, dont on n'a jamais fait mystere, avec votre prétendu magnétisme, qui n'est qu'une *propriété*, tandis que la matiere électrique

résulte quelques ef-fets utiles de l'admi-nistration de ceux-là, ils font fans doute dus au Magnétifme-Ani-mal.

XXIII. On recon-noîtra par les faits, d'après les regles pra-tiques que j'établirai, que ce principe peut

électrique & l'aimant nous font beaucoup plus connus. *Plus fin-gulier* encore, que vous veuilliez attri-buer les effets de ces caufes connues à vo-tre magnétifme, cette propriété inconnue à tout le refte des Phy-ficiens ; *& très-fingu-lier* qu'avec de pareils raifonnements, vous ayez pu trouver un homme de mérite qui abufant du crédit de fon nom & de la for-ce de fa plume, ait voulu vous couvrir de fon Egide. Vous êtes plus heureux que fa-vant, M. Mefmer, je vous en félicite.

23.

Par ces faits, vous ferez donc des mira-cles, M. le Docteur, d'après les regles pra-tiques : des regles pra-

guérir immédiate-
ment les maladies des
nerfs & médiatement
les autres.

XXIV. Qu'avec
son secours le Méde-
cin est éclairé sur l'u-
sage des médicamens,
qu'il perfectionne leur
action, & qu'il pro-
voque & dirige les
crises salutaires. de
maniere à s'en rendre
maître.

tiques tirées de l
théorie que vous nou
avez donné jusqu'ici
ne feront guere de
savants. Ce principe
guérira; mais nous ne
connoissons point ce
principe; jusqu'à pré-
sent vous ne nous
avez parlé que d'ac-
tion, de vertu, de
propriété : action, ver-
tu, propriété ne sont
point des principes.
Nous ne connoissons
point la vertu d'une
proprieté, c'est cepen-
dant ce que vous nous
avez dit de plus clair.

24

Avec le secours
d'une propriété que
vous appellez prin-
cipe, le Médecin
sera éclairé sur l'usage
des médicaments ;
mais il ne faut point
de médicament avec
le Magnétisme. M.

[43]

Court de Gebelin
n'en a pris aucun ,
il a feulement eu or-
dre de *boire de la crê-
me de Tartre* ; il ne
dit pas qu'il en ait
pris, il dit au contraire qu'il ne doit fon
mieux à aucun reme-
de quelconque, qu'il
n'a rien pris intérieu-
rement , & qu'on ne
lui a fait aucune ap-
plication d'aucun re-
mede externe vifible.
Pourquoi donc éclai-
rer les Médecins fur
l'ufage des remedes?
Pourquoi perfection-
ner l'action de ces
mêmes remedes dé-
ormais inutiles ? Ne
aut-il pas mieux nous
éclairer fur la nature
de cette propriété ,
vertu de propriété ,
principe , que vous
appellez Magnétifme
Animal.

E 2

XXV. En communiquant ma méthode, je démontrerai par une théorie nouvelle des maladies, l'utilité universelle du principe que je leur oppose.

XXVI. Avec cette connoissance le Médecin jugera surement l'origine, la nature & les progrès des maladies, même des plus compliquées; il en empèchera l'accroissement, & parviendra à leurs guérisons, sans jamais exposer le malade à des effets dangereux, ou des suites facheuses, quels que soient l'âge, le tempéramment & le sexe, les fem-

25.
Si la théorie nouvelle des maladies répond à la théorie nouvelle du principe nouveau, que vous avez établi d'une maniere si claire, elle répandra certainement un grand jour, & ce principe deviendra fort utile.

26
Les Médecins n'ont pas besoin de cette connoissance pour juger l'origine & la nature des maladies, les progrès sont sensibles même à ceux qui ne sont pas médecins. Les lumieres d'anatomie & d'une saine physique suffisent pour les deux premieres avec une bonne judiciaire, l'œil de la seule raison découvre les seconds.

mes même dans l'état
de grossesse & lors *de.
accouchements* , joui
ront du même avan-
tage.

XXVII. Cette doc-
trine enfin mettra le
Médecin en état de
bien juger du dégré
de santé de chaque
individu, & de le pré-
server des maladies
auxquelles il pourroit
être exposé ; l'art de
guérir parviendra ain-

Je crois que le Ma-
gnétisme, s'il existoit,
que M. Gebelin le dé-
peint , pourroit ren-
dre inutiles les reme-
des & la Médecine
ordinaire ; alors il en
résulteroit beaucoup
moins de travail pour
les guérisseurs, beau-
coup moins de dou-
leur & de dégoût pour
les malades ; mais il
nous faut pour y ar-
river plus de connois-
sances que nous n'en
avons recueilli dans
ces 26 propositions.

27.

Ce n'est point cet-
te doctrine qui met-
tra le Médecin en é-
tat de juger du dégré
de santé, ce sera tou-
jours l'anatomie & la
Physique qui l'éclai-
reront ; à cet égard
cette doctrine, si ja-
mais elle existe, pour-

fi à fa derniere perfe
tion.

a lui procurer plus
acilement, plus a-
gréablement & plus
promptement la fan-
té, ce fera fans doute
le dernier dégré de
l'art dont les Méde-
cins & les malades
vous fauront le meil-
leur gré; nous ferons
éclater à l'envi notre
reconnoiffance, dai-
nez donc nous faire
connoître votre Ma-
gnétifme d'une ma-
niere plus claire que
vous ne l'avez fait
dans vos 27 propofi-
tions que j'ai eu le
courage de difcuter
jufqu'au bout; ce qui
eft facrifice pour un
homme qui n'aime
pas les énigmes.

Quel cas doit-on faire de cette théorie?
C'eft M. de Gebelin qui fait cette queftion: lui, l'Auteur du Monde primitif, dont

le génie eſt admiré de toute l'Europe. En vérité je m'y perds : qu'avez - vous compris dans cette même théorie ? vous , M. de Gebelin ? Ou vous y entendez quelque choſe, ou vous n'y comprenez rien. Si vous y entendez quelque choſe, vous connoiſſez le Magnétiſme-animal, & vous le devez au genre humain, ſous peine de leze-humanite : J'ai preſque dit de leze-Majeſté : Car s'il eſt une fois bien connu, ce magnétiſme, que nous ſoyons bien inſtruits de ſa nature, de l'efficacité de ſes effets, nous l'employerions avec ardeur, comme le plus prompt, le plus ſûr, & le moins déſagréable de tous les remedes, ſi le plus tendre des peres, le meilleur des Rois, notre auguſte Monarque, venoit à perdre la ſanté, que nous prions Dieu de lui conſerver le plus long-temps poſſible.

Si vous n'y entendez rien, pourquoi nous blâmer de n'être pas plus ſorciers que vous ? Pourquoi vous étonner quand on vous dit :

Cette théorie ne tient à rien, elle ne dit rien. Mais demandez-vous.

N'exiſte-t-il qu'une maladie? Je dirai comme vous, il faut s'entendre; ſi par maladie vous entendez le dérangement de l'équibre établi par le Créateur, entre les ſolides & les fluides, je conviens que vous avez raiſon, & que vous avez donné la définition générale. On pourroit dire également qu'il n'y a *qu'un crime*, l'infraction des Loix; mais les Juges puniſſent diverſement: c'eſt qu'ils reconnoiſſent différens crimes; c'eſt qu'on enfreint diverſement les Loix. Les Juges ont raiſon d'en agir ainſi, & leur conduite toute raiſonnable qu'elle eſt, ne détruit rien de la ſageſſe des Médecins, qui ont toujours crû, d'après les lumieres de l'anatomie, de la phyſique & de l'expérience enfin, qu'il y avoit différentes maladies diſtinctes par leurs cauſes & par leurs effets; ce qui les a déterminés, à l'imitation des Juges, à recourir à différens remedes, parce que comme il eſt clair que l'équilibre peut ſe déranger de pluſieurs manieres, il eſt clair qu'il doit y avoir pluſieurs manieres de le rétablir.

Par

Par exemple, foit un homme tourmenté
d'ue fievre violente , avec conftipation,
tenfion & douleur dans le bas-ventre, évacuant en très-petite quantité des urines
ardentes, âcres & troubles; ayant les yeux
étinçelants & agars, la figure animée, avec
quelques mouvements convulfifs dans toute
la machine; cet homme eft certainement
malade : voilà un dérangement d'équilibre
bien marqué; on demande au Médecin
quel eft l'état de cet homme. Il répond
qu'il eft malade : tout autre qu'un Médecin
en eût dit autant. Et qu'eût-il dit? qu'euf-
fiez-vous dit vous-même, M? d'un autre,
au contraire, fans fievre, qui n'éprouvant
aucune douleur, évacuant une affez grande
quantité d'urine affez limpide, ayant un
dévoiement fort abondant, les yeux éteints,
une figure livide, & toute la machine étant
dans l'affaiffement, & l'inanition, vous auroit
été préfenté? Vous euffiez dit inconteſta-
blement, que cet homme étoit malade; car
il n'eft point de doute qu'il n'y ait ici un
dérangement d'équilibre, comme il y en

avoit précédemment ; oubliez pour un inftant ce que vous devez à M. Mefmer ; laif-
fons la reconnoiffance & l'enthoufiafme de
côté ; croyez-vous ces deux hommes dans
le même état ? Le premier eft malade ; qu'a-
t-il ? Le nom de fa maladie eft indifférent,
me direz-vous : —— d'accord ; mais la caufe
ne l'eft pas. Et le fecond, de même il eft
malade ; le nom de fa maladie eft indifférent, mais la caufe ne l'eft pas. Il faut dé-
truire cette caufe pour renverfer l'effet.
Préfenter à l'un ou à l'autre indifféremment
une baguette impregnée d'un Magnétifme,
qui fera ce qu'il vous plaira, mais qui ne
peut pas contenir deux vertus différentes,
dont l'une fe détache pour foulager le
malade, tandis que l'autre refte au gré du
Magnétifte. Vous conviendrez que c'eft
une action ridicule, & qu'il vaudroit autant
faire avaler au malade la boutique d'un
Apothicaire, dont quelques drogues falutaires opéreroient l'effet defiré, tandis que
les autres demeureroient fans action, au
gré du Médecin.

Mais je vous le demande à vous-même

[51]

sans enthousiasme : est-il possible que l'équilibre soit dérangé de plus d'une maniere ?
Si vous répondez oui, vous avouez qu'il y
a plus d'une maladie ; & vous etes trop vrai
pour dire non.

Un horloger met-il un grand ressort à
une montre qui a perdu son équilibre quand
c'est la chaîne qui est cassée, ou la roue de
rencontre, ou le balancier, &c. ou *vice
versâ ?* Non sans doute, en méchanique
l'équilibre se perd par plusieurs causes ; on
le rétablit en remédiant à la cause. Il en est
de même en médecine, dont le sujet est
une machine animale, bien mieux organi-
sée, & bien plus précieuse qu'une montre.

Que doit-on penser du silence des Facultés de Médecine & des Académies litté-
raires ?

Vous décidez vous-même que „ ces corps
„ étant consacrés au maintien d'une doctrine
„ constante, approuvée de tous les temps,
„ supérieure à une foule d'opinions & de
„ préjugés, qui, sans eux auroient été infi-
„ niment funestes au genre humain, ne

F 3

,, peuvent fans ceffer d'être *eux*, adopter
,, *légérement* des doctrines nouvelles, qui
,, ne peuvent régner que par l'opinion.
,, Qu'en conféquence, il faut que toute
,, opinion nouvelle foit devenue nationale,
,, pour que ces corps puiffent l'adopter.

Cette décifion, permettez-moi de vous
le dire, ne doit pas flatter les Facultés de
Médecine & les Académies, elle ne fait
pas plus l'éloge de la doctrine Mefmerienne.

Vous rendez cependant à ces Compagnies la juftice de dire, que ,, fans elles une
,, foule d'opinions & de préjugés auroient
,, été infiniment funeftes au genre humain;
elles ont donc rendu de grands fervices à
l'Etat, à l'humanité. Mais, dites-vous, elles ne peuvent régner que par l'opinion
nationnale; elles font donc efclaves de l'a-
veuglement & de l'erreur de la nation. Elles font donc forcées d'adopter ces erreurs
& de les préconifer : dites plutôt que la
nation ne fe livre à aucune opinion importante qu'après leur décifion; & c'eft en
ce fens qu'elles regnent par l'opinion na-

tionnale, qui fut d'abord académique, &
n'est devenue nationnale qu'après avoir
été adoptée par les Facultés & les Académies : ce qui est d'autant plus vrai, que
vous dites vous-même : ces Corps illustres
ne peuveut, sans cesser d'être *eux*, *adop-*
ter légerement des doctrines nouvelles. Voilà
la véritable raison de leur silence à l'égard
du D. Mesmer. Ils n'auroient pu, en effet,
sans une légereté dangereuse & punissa-
ble, adopter la doctrine de M. Mesmer
sur la sublime théorie qu'il en a donné ;
ils n'avoient donc rien de mieux à faire
que de se taire.

" Quelle a été la conduite de M. Mes-
„ mer à l'égard des Corps savants ? Toute
autre qu'elle eût dû être.

Il n'a dit à aucun d'eux : c'est ainsi que
j'obtiens le magnétisme d'un tel Corps ou
de tous indifféremment ; voici comment je
m'en impregne ; voilà comment je le dirige,
c'est de cette maniere qu'il se communique ; examinez-en la nature ; observez-en
les effets ; jugez de sa vertu ; opérez sous

mes yeux comme moi, afin qu'à mon ab-
fence vous puiffiez obtenir les mèmes effets que moi. S'il eût ainfi parlé, quelle
eft la compagnie de Savants qui eût re-
jetté fa doctrine ? on l'auroit examinée
avec ardeur; bonne, on l'auroit reçue avec
reconnoiffance & applaudiffement ; mau-
vaife , on l'eût rejettée fans mépris, parce
qu'il eft toujours louable d'avoir travaillé
pour le bien de l'humanité, même fans fuc-
cès.

Si M. Mefmer eût eu bonne envie de
faire connoître fa découverte, que lui im-
portoit que la fociété de Médecine lui
donnât des députés ou des commiffaires,
dès que c'étoient les mêmes hommes, doués
des mêmes lumieres, qui auroient affifté
à fes travaux ? La qualité de députés qu'on
auroit donné aux Médecins qu'on auroit
envoyés examiner fa méthode, eût-elle
augmenté leur favoir, ou celle des commiffaires l'eût-elle affoibli, ou la diffé-
rence de titre changeoit-elle quelque chofe
au Magnétifme ? Non, mais elle eût flatté

[55]

davantage M. Mefmer ; un Médecin Allemand , auteur d'une découverte exraordi-
naire , mérite bien au moius des députa-
tions de toutes les Compagnies , & non pas
des commiffaires pour l'infpecter.

Trois Docteurs de la Faculté de Paris ont
fuivi les expériences de M. Mefmer , MM.
Leclerc, Bertrand & Deslon ; j'ai cru qu'il
y en avoit trois autres ; j'ai pu me tromper,
mais ces trois en valoient bien d'autres,
& pouvoient bien juger de la valeur du
Magnétifme. M. Mefmer leur a-t-il fait
connoître la nature du Magnétifme ? leur
a-t-il indiqué la maniere de l'extraire de
fes fources , de s'en imprégner , & de l'ap-
pliquer utilement ? leur a-t-il dit les mots
& les paroles avec le pouvoir defquelles
on fait refter fans action dans la baguette
magique la qualité nuifible du Magnétifme pendant qu'on dirige celle qui eft
falutaire vers le malade ? quelqu'un d'eux
en a-t-il fait ufage ? en a-t-il rendu à la
Faculté un compte avantageux ? Non ; au
contraire , & MM. le Clerc & Bertrand

m'ont dit à moi-même, dans le temps, que cet homme ne faifoit connoître à perfonne le prétendu Magnétifme par lequel feul il fe vantoit de guérir, tandisqu'il ne guériffoit, quand cela lui arrivoit, qu'à la faveur des drogues qu'il ordonnoit à fes malades; ils m'ont ajouté que fon Magnétifme n'étoit qu'un prétexte pour en impofer aux malades. Il eft facheux, pour bien plus d'un motif, qu'une mort prématurée, nous ait privé du témoignage de M. Bertrand, il eût été authentique ; mais il nous refte celui de M. le Clerc, qui n'eft pas plus fufpect ; j'en appelle à lui ; un témoin tel que lui en vaut bien deux. La vérité éternelle a dit : " Celui qui n'eft pas contre ,, nous eft pour nous ,,. Ce n'eft point ici le cas de cetre application fainte : ces Meffieurs n'ont pas combattu un fyftème qui ne leur a pas été préfenté. Sont-ils donc des Don-Quichotte, pour fe battre contre des moulins à vent ? Ils n'ont pas lutté contre une chimere ; voilà tout ce qu'on peut conclure de leur filence, & non pas *qu'ils n'ont point*

ofé

*ofé fe montrer amis de la vérité, de crainte
de lui nuire, ne pouvant juſtifier leur choix
par une victoire complette.*

Il eſt ſi aiſé de la remporter cette victoire complette, que ſi j'étois poſſeſſeur de
l'heureuſe découverte, dont ſe vante le D.
Meſmer, vous verriez bientôt la vérité
dans tout ſon jour, reſpectée des plus in-
crédules. Sans courrir après les richeſſes,
je verrois tomber à mes pieds les tréſors les
plus brillants, & l'on me prodigueroit les
dignités les plus élevées, auxquelles un Médecin puiſſe parvenir : je ſerois le bienfaic-
teur de l'humanité entiere, & l'humanité
m'eût ſans doute témoigné ſa reconnoiſſance. La même voie eſt ouverte au D.
Meſmer ; je la lui ai indiquée, qu'il la ſuive.

. Vous nous avez déjà dit : *qu'injure n'eſt
pas raiſon ;* c'eſt une grande vérité, dont
j'ai bien de la peine à vous voir écarter,
lorſqu'aveuglé par la reconnoiſſance, vous
laiſſez courir votre plume un peu trop libre-
ment après un membre recommandable à
pluſieurs égards, d'une Compagnie reſpec-

G

table fous tous les points de vue. Peut-on croire en effet, que l'Auteur d'un ouvrage férieux autant que profond, un homme fenfé, poli, & favant, M. de Gebelin, fe permette les farcafmes les plus mordants, l'ironie la plus piquante contre celui qui n'a fait aucun mal, qui a même fait un bien; & c'eft de ce bien que vous le punif-fez, vous M. de Gebelin; fi vous étiez un homme ordinaire, on vous méprileroit : mais peut-on vous méprifer? *Pas poffible.* Il faut croire que ce n'eft que l'yvreffe de la reconnoiffance & de l'enthoufiafme, qui vous ont arraché des expreffions auxquelles votre cœur n'eut jamais de part.

En effet, quel eft le crime de M. Rouffel de Vauzefme ? Il a dénoncé M. Mefmer à la Faculté ; il l'a peint comme un charlatan, &c. Il a dénoncé M. Mefmer à la Faculté. Mais il a dû le faire fous peine d'être par-jure ; il a prêté ferment à la Faculté d'en agir de la forte à l'égard de tout inconnu qui viendroit, fous quelque prétexte que ce foit, exercer l'art de guérir dans la capitale n'ayant pas un titre *ad hoc*. Il a dit que M. Mefmer avoit une méthode inconnue. Qui eft-ce qui la connoît fa méthode ? n'eft-elle pas inconnue ? Des principes qui lui paroiffoient faux & ridicules : qui n'en dira pas autant en lifant fes 27 propofitions ? Il a ajouté qu'il doutoit de fes pretendues cures. Ma foi, fi l'on en juge par la vôtre, il y a bien de quoi en douter. Nul n'a le droit d'exercer la Médecine à Paris, qu'il ne foit au moins licencié de la Faculté, ou Médecin du Roi, ou de quelqu'un de nos Princes. M. Mefmer n'étant dans aucune de ces conjonctures a dû être dénoncé à la Faculté par quelqu'un de fes membres ; tant valoit la dénonciation de M. de Vauzefme comme celle d'un autre. Celui-ci n'a rien compris aux propofitions de M. Mefmer ; & cela n'eft pas étonnant, fa théorie lui a paru une parabole ; il a cru qu'une pratique tirée d'une pareille théorie ne pouvoit être que funefte à l'humanité : il a vu la crédulité du peuple, il a craint pour la vie de fes concitoyens ; il a preffé la Faculté

G 2

d'arrêter ce torrent dans fa courfe vaga-
bonde, afin d'arrêter les ravages qu'il pouvoit faire dans fon impétuofité : il a peint
comme un *Charlatan* un homme qui, fans
aucun titre, venoit exercer un art dangereux entre les mains des ignorants, & qui
ne donnoit aucune preuve de favoir ; un
homme qui fe vantoit d'avoir au bout des
doigts un remede univerfel, qui veut qu'on
l'en croie fur fa parole.

Je ne vois dans une telle conduite que
l'amour de fes devoirs & le defir du bien
public. Je n'y trouve rien qui mérite les
épithetes d'étourdi, de Charlatan, &c.
L'Auteur du Monde primitif, qui fait la valeur
des termes, peut-il appeller *Charlatan* un
homme qui a confacré toute fa jeunefle à
l'étude de l'art qu'il exerce avec honneur,
d'après la fanction du premier Tribunal du
Royaume, Expert en ce genre. Paffe encore
fi M. Rouffel étoit un homme à fecrets, tout
Médecin qu'il eft, je conviendrois qu'il
mérite ce titre infâme.

Quelles propofitions a fait M. Mefmer à la Faculté de Médecine ?

Une propofition ridicule, un cartel, que la Faculté ne pouvoit ni ne devoit accepter en corps, par députés ni commiffaires. M. Mefmer qui, n'étant qu'un particulier, a l'orgueil d'exiger une députation, lui, qui, bien loin d'être un fot, me paroît, fi non un génie fupérieur, au moins un homme fort adroit ; peut-il foupçonner, qu'une compagnie auffi célebre aille fe mefurer avec un particulier, elle qui auroit pu, qui auroit peut-être dû, d'abord l'affigner pour fe voir condamné par le confervateur des priviléges de l'Univerfité, à ne plus, à l'avenir, exercer dans la Capitale l'art de guérir, qu'il n'en eût obtenu le droit, en prouvant fes lumieres à cette même Faculté. Combien de fois n'a-t-elle pas févi de la forte contre des gens peut-être moins dangereux que M. Mefmer ? jugeons de fang froid : M. Mefmer a refufé des commiffaires, il lui falloit des députés de la Société : il en eût fait autant de la Faculté. Il propose à celle-ci un cartel inacceptable ; donc qu'il ne veut qu'eblouir le public. J'en conviens, sa proposition est séduisante pour le plus grand nombre, & j'y fus pris moi-même. Je dis dans le temps à M. de l'Epine, doyen d'âge, que la Faculté avoit tort de ne pas accepter cette proposition. Tout le monde rendra justice à la sagesse, à la prudence, à la vertu, à l'intégrité de ce vénérable vieillard, à son amour pour l'humanité, à laquelle il faisoit honneur : hé bien, ce Savant me fit sentir que M. Mesmer ne vouloit pas ce qu'il sembloit demander avec instance, que cette proposition étoit une ruse pour accréditer son système aux yeux du public ; qu'une compagnie ne pouvoit pas décemment se compromettre avec le premier venu ; il me fit une comparaison assez naturelle : croyez-vous, me dit-il, que, si un polisson manquoit essentielement à un de nos Princes, ce Prince cesseroit d'être brave pour avoir refusé un cartel proposé par cet impudent ? il le fe-

roit punir févérement , ou, par un excès
de générofité, il le mépriferoit.

Au lieu de propofer des cartels , que
M. Mefmer mette en ufage le confeil que
je lui ai donné, il en eft toujours temps ;
c'eft le sûr moyen de convaincre , non
feulement le public , mais encore toutes
les compagnies de Savants, de la fubli-
mité de fa découverte.

De fa découverte ; vous nous faites voir ,
par la fuite de votre Lettre , que M. Mefmer n'a point fait de découverte ; vous
nous faites preffentir qu'il a feulement pé-
nétré dans le fanctuaire caché des fublimes
fecrets , que poffédoient jadis les *Mages*
& les *Hierophantes*, qui étoient en même
temps *Bois & Prêtres*. D'où il eft clair que
le Magnétifme-Animal n'eft autre chofe
que la fublime connoiffance de ces Mages
& Hierophantes , refpectés de l'antiquité,
connoiffance qu'on a depuis appellé *Magie*,
à caufe de ceux qui en étoient feuls pof-
feffeurs , & qu'on a diftingué depuis en
Magie noire & blanche. Ce qui confirme

de plus en plus votre opinion à ce sujet, c'eſt ce que vous dites p. 46. " Il n'eſt pas „ étonnant, que les anciens & les moder- „ nes aient été perſuadés qu'un ſeul regard „ peut occaſionner de la douleur, ou jetter „ un mauvais ſort ſur la perſonne qu'on en- „ viſageoit„ : c'étoit un abus du Magnétiſ- me-Animal.

Je conclus donc, que la découverte du D. Meſmer n'eſt autre choſe que la ſcience des anciens Mages, qui s'exerçoient par des filtres, des taliſmans, des hyérogliphes, des preſtiges, &c. ou que ce n'eſt rien du tout. Si ce n'eſt rien du tout, il ne ſauroit le faire connoître, dans peu nous ju- gerons l'homme, la vérité le démaſquera; lui même en fuyant nous laiſſera la honte de nous être laiſſés ſurprendre. Si c'eſt la connoiſſance de la magie blanche ou noire, il n'aura garde de nous la faire connoître, il craint trop le fagot pour la montrer au grand jour, il fera ſes petits miracles dans les ténebres ; & s'il eſt adroit, il maſ- quera ſon art magique par quelques re-

medes

[65]

medes innocens, avec lefquels il aura l'air
de guérir fes malades. Il fera bien de ne
point fe vanter de magie, car on craint à
Paris les magiciens; & je crois qu'on a raifon, non que je foupçonne, avec le peuple,
que c'eft par un pouvoir diabolique qu'on
exerce cet art enchanteur, mais par quelque connoiffance fublime, dont l'abus eft
toujours dangereux entre les mains des
hommes qui ne font pas tous également
vertueux. Et c'eft fans doute la raifon pour
laquelle les Loix féviffent avec tant de ri-
gueur contre les forciers, devins, magiciens, enchanteurs de tout fexe, &c.

Trouvez bon, Monfieur, que je vous
remercie, au nom de toute l'humanité, de
la bonté que vous avez eu de développer
en quatre mots la fcience du D. Mefmer,
qu'il n'avoit pas fu faire connoître dans
vingt fept propofitions. Je le crois plus vertueux que favant, ainfi l'humanité n'a rien
à craindre tant que fa découverte ne fera
connue que de lui. Je vous conjure néan-
moins, toujours au nom de cette même

H

humanité, dont vous êtes une portion si utile, d'employer tout votre crédit à l'empêcher de communiquer son secret à des hommes d'une vertu douteuse.

Quelqu'important que soit l'ouvrage sur le Monde primitif, que vous avez pris la peine de donner au public pour son inftruction, ce ne fera qu'un léger fervice en comparaifon de ce que vous aurez fait pour fa confervation, en évitant qu'il ne fe répande dans l'univers une foule d'enchanteurs & de magiciens, dont les maléfices multipliés, répétés & lancés, *ab hoc* & *ab hâc*, pourroient devenir la fource d'une infinité de malheurs. Vous les éviterez, j'efpere, & nous vous aurons cette double obligation dont, nous tâcherons de nous acquitter, ainfi que du refpect dû à vos talens, avec lequel je vous prie de me croire bien fincérement,

MONSIEUR,

Votre très-humble & très-obéiffant ferviteur,

F. D. P.

[67]

P. S. Lorſque j'ai eu achevé mon manuſ-
crit, j'ai lu dans les papiers publics qu'il
paroiſſoit une réfutation des vingt - ſept
propoſitions du *D.* Meſmer, je ne l'ai pas
encore lue ; ſi elle eſt conforme à la mienne,
tant mieux, je ne ſerai pas le ſeul de mon
avis ; ſi elle eſt différente, tant mieux encore, l'Auteur aura réfuté une partie &
moi l'autre ; je lui céde d'avance le prix
d'amuſer mieux que moi le Lecteur & de
l'inſtruire.

ERRATA.

Frontispice, ligne 4, *lisez* Gobelin.

Page 6, ligne 15, *lisez* n'en déplaise.

P. 19, lig. 2, *lisez* en le bénissant, *supprimez* mon nom.

P. 33, *Réponse* 15, à la XV. Proposition, *lisez* (elle, l'action du Magnétisme) Animal) Ce n'est donc pas de la lumiere, &c.

P. 35, lig. 11, *lisez* la propage.

P. 37, lig. 16, *lisez* l'antipachie avec, l'autre doit, la virgule entre avec & l'autre

P. 40, *Réponse* 22, à la XXII Proposition, *lisez* il est singulier que vous compariez l'aimant.

P. 45, lig. 2, *Réponse* 26, *lisez* s'il existoit tel que.

P. 46, lig. 22, *lisez* est un sacrifice.

P. 60, lig. 2, *lisez* afin d'éviter les ravages.

P. 61, lig. 14, *lisez* condamner.

P. 63, lig. 17, *lisez* Rois & Prêtres.

P. 64, lig. 15, *lisez* la faire.